Mein Fangbuch

Name: _______________________________________

Straße / Nr.: _______________________________________

PLZ / Wohnort: _______________________________________

Haustelefonnummer: _______________________________________

Mobiltelefonnummer: _______________________________________

E-Mail: _______________________________________

Sonstige Notizen: _______________________________________

____

____

____

Datum: _______________________

Ort: _______________________

Dauer in Stunden: _________ Angelrute: _______________

Anwesende Freunde: _______________________

Lufttemperatur: _________ Wassertemperatur: _________

Windrichtung: _____________ Windstärke: _____________

Mondphase: _______________________ ◐ ◑ ● ◐ ◔ ○

Wetter: ☀ ☁ 🌧 ⛈ _______________

Wasserfärbung: ❏ Klar ❏ Trüb ❏ Schlammig

Wasserstand: _____________ Strömung: _____________

FÄNGE

Fischart	Gewicht	Länge	Köder	Uhrzeit
Notizen:				
Notizen:				
Notizen:				
Notizen:				
Notizen:				
Notizen:				
Notizen:				
Notizen:				

Datum: ___________________________

Ort: ___________________________

Dauer in Stunden: __________ Angelrute: __________________

Anwesende Freunde: ____________________________

Lufttemperatur: __________ Wassertemperatur: __________

Windrichtung: __________ Windstärke: __________

Mondphase: __________________ ◖ ◑ ● ◐ ○ ○

Wetter: ☀ ☁ 🌧 ⛈ __________________

Wasserfärbung: ❏ Klar   ❏ Trüb   ❏ Schlammig

Wasserstand: __________ Strömung: __________

FÄNGE

Fischart	Gewicht	Länge	Köder	Uhrzeit
Notizen:				
Notizen:				
Notizen:				
Notizen:				
Notizen:				
Notizen:				
Notizen:				

Datum: _______________________

Ort: _______________________

Dauer in Stunden: _________ Angelrute: _______________

Anwesende Freunde: ____________________________

Lufttemperatur: _________ Wassertemperatur: _________

Windrichtung: _____________ Windstärke: _____________

Mondphase: _______________________ ◯ ◗ ● ◖ ◯ ◯

Wetter: ☀ ☁ 🌧 ⛈ _______________________

Wasserfärbung: ❑ Klar ❑ Trüb ❑ Schlammig

Wasserstand: _______________ Strömung: _______________

FÄNGE

Fischart	Gewicht	Länge	Köder	Uhrzeit
Notizen:				
Notizen:				
Notizen:				
Notizen:				
Notizen:				
Notizen:				
Notizen:				

Datum: _______________________

Ort: _______________________

Dauer in Stunden: __________ Angelrute: _______________________

Anwesende Freunde: _______________________

Lufttemperatur: __________ Wassertemperatur: __________

Windrichtung: __________ Windstärke: __________

Mondphase: _______________________ ◑ ◐ ● ◐ ○ ○

Wetter: ☀ ☁ 🌧 ⛈ _______________________

Wasserfärbung: ❑ Klar ❑ Trüb ❑ Schlammig

Wasserstand: __________ Strömung: __________

FÄNGE

Fischart	Gewicht	Länge	Köder	Uhrzeit
Notizen:				
Notizen:				
Notizen:				
Notizen:				
Notizen:				
Notizen:				
Notizen:				

Datum: _______________

Ort: _______________

Dauer in Stunden: _________ Angelrute: _______________

Anwesende Freunde: _______________

Lufttemperatur: _________ Wassertemperatur: _________

Windrichtung: _________ Windstärke: _________

Mondphase: _______________ ◯ ◑ ● ◐ ◯ ◯

Wetter: ☀ ☁ 🌧 ⛈ _______________

Wasserfärbung: ❏ Klar ❏ Trüb ❏ Schlammig

Wasserstand: _________ Strömung: _________

FÄNGE

Fischart	Gewicht	Länge	Köder	Uhrzeit
Notizen:				
Notizen:				
Notizen:				
Notizen:				
Notizen:				
Notizen:				
Notizen:				

Datum: _______________________________

Ort: _________________________________

Dauer in Stunden: __________   Angelrute: _________________

Anwesende Freunde: _________________________

Lufttemperatur: ____________   Wassertemperatur: __________

Windrichtung: ____________   Windstärke: ____________

Mondphase: _______________ ◑ ◐ ● ◑ ◐ ○

Wetter: ☀ ☁ 🌧 ⛈ ________________________

Wasserfärbung: ❏ Klar   ❏ Trüb   ❏ Schlammig

Wasserstand: _______________   Strömung: _____________

FÄNGE

Fischart	Gewicht	Länge	Köder	Uhrzeit
Notizen:				
Notizen:				
Notizen:				
Notizen:				
Notizen:				
Notizen:				
Notizen:				

Datum: _______________________

Ort: _______________________

Dauer in Stunden: __________ Angelrute: _______________

Anwesende Freunde: _____________________

Lufttemperatur: __________ Wassertemperatur: __________

Windrichtung: ____________ Windstärke: __________

Mondphase: _________________________ ◐ ◑ ● ◑ ◐ ○

Wetter: ☀ ☁ 🌧 ⛈ _________________________

Wasserfärbung: ☐ Klar ☐ Trüb ☐ Schlammig

Wasserstand: ____________ Strömung: ____________

FÄNGE

Fischart	Gewicht	Länge	Köder	Uhrzeit
Notizen:				
Notizen:				
Notizen:				
Notizen:				
Notizen:				
Notizen:				
Notizen:				
Notizen:				

Datum: _______________________

Ort: _______________________

Dauer in Stunden: __________ Angelrute: __________________

Anwesende Freunde: ______________________________

Lufttemperatur: __________ Wassertemperatur: __________

Windrichtung: ______________ Windstärke: ______________

Mondphase: ________________________ 🌑🌓🌕🌗🌒🌕

Wetter: ☀ ☁ 🌧 ⛈ __________________________

Wasserfärbung: ❑ Klar ❑ Trüb ❑ Schlammig

Wasserstand: ________________ Strömung: ______________

FÄNGE

Fischart	Gewicht	Länge	Köder	Uhrzeit
Notizen:				
Notizen:				
Notizen:				
Notizen:				
Notizen:				
Notizen:				
Notizen:				

Datum: _______________________

Ort: _______________________

Dauer in Stunden: __________ Angelrute: _______________

Anwesende Freunde: _____________________

Lufttemperatur: __________ Wassertemperatur: __________

Windrichtung: ____________ Windstärke: ____________

Mondphase: ____________________ ◯ ◑ ● ◑ ◯ ◯

Wetter: ☀ ☁ 🌧 ⛈ ________________________

Wasserfärbung: ❑ Klar ❑ Trüb ❑ Schlammig

Wasserstand: ______________ Strömung: ______________

FÄNGE

Fischart	Gewicht	Länge	Köder	Uhrzeit
Notizen:				
Notizen:				
Notizen:				
Notizen:				
Notizen:				
Notizen:				
Notizen:				

Datum: _______________________________

Ort: _______________________________

Dauer in Stunden: __________ Angelrute: _______________

Anwesende Freunde: _______________________________

Lufttemperatur: __________ Wassertemperatur: __________

Windrichtung: __________ Windstärke: __________

Mondphase: _______________________________

Wetter: _______________________________

Wasserfärbung: ☐ Klar   ☐ Trüb   ☐ Schlammig

Wasserstand: __________ Strömung: __________

FÄNGE

Fischart	Gewicht	Länge	Köder	Uhrzeit
Notizen:				
Notizen:				
Notizen:				
Notizen:				
Notizen:				
Notizen:				
Notizen:				

Datum: _______________________________

Ort: _______________________________

Dauer in Stunden: __________ Angelrute: _______________

Anwesende Freunde: _______________________________

Lufttemperatur: __________ Wassertemperatur: __________

Windrichtung: __________ Windstärke: __________

Mondphase: __________________ ◯ ◑ ● ◐ ◯ ◯

Wetter: ☀ ☁ 🌧 ⛈ _______________________________

Wasserfärbung: ☐ Klar ☐ Trüb ☐ Schlammig

Wasserstand: __________ Strömung: __________

FÄNGE

Fischart	Gewicht	Länge	Köder	Uhrzeit
Notizen:				
Notizen:				
Notizen:				
Notizen:				
Notizen:				
Notizen:				
Notizen:				

Datum: _______________________________

Ort: _________________________________

Dauer in Stunden: __________ Angelrute: __________________

Anwesende Freunde: _______________________________

Lufttemperatur: __________ Wassertemperatur: __________

Windrichtung: __________ Windstärke: __________

Mondphase: _______________________ ◯ ◐ ● ◑ ◐ ◯

Wetter: ☀ ☁ 🌧 ⛈ _______________________

Wasserfärbung: ☐ Klar ☐ Trüb ☐ Schlammig

Wasserstand: __________ Strömung: __________

FÄNGE

Fischart	Gewicht	Länge	Köder	Uhrzeit
Notizen:				
Notizen:				
Notizen:				
Notizen:				
Notizen:				
Notizen:				
Notizen:				

Datum: _______________________

Ort: _______________________

Dauer in Stunden: _________ Angelrute: _______________

Anwesende Freunde: _______________________

Lufttemperatur: _________ Wassertemperatur: _________

Windrichtung: _________ Windstärke: _________

Mondphase: _______________ ◯ ◗ ● ◖ ◯ ◯

Wetter: ☀ ☁ 🌧 ⛈ _______________

Wasserfärbung: ☐ Klar ☐ Trüb ☐ Schlammig

Wasserstand: _____________ Strömung: _____________

FÄNGE

Fischart	Gewicht	Länge	Köder	Uhrzeit
Notizen:				
Notizen:				
Notizen:				
Notizen:				
Notizen:				
Notizen:				
Notizen:				
Notizen:				

Datum: _______________________

Ort: _______________________

Dauer in Stunden: _________ Angelrute: _______________

Anwesende Freunde: _____________________

Lufttemperatur: _________ Wassertemperatur: _________

Windrichtung: _____________ Windstärke: _____________

Mondphase: _____________________ ◐ ◑ ● ◑ ◯ ◯

Wetter: ☀ ☁ 🌧 ⛈ _____________________

Wasserfärbung: ❑ Klar ❑ Trüb ❑ Schlammig

Wasserstand: _____________ Strömung: _____________

FÄNGE

Fischart	Gewicht	Länge	Köder	Uhrzeit
Notizen:				
Notizen:				
Notizen:				
Notizen:				
Notizen:				
Notizen:				
Notizen:				

Datum: _______________________________

Ort: _______________________________

Dauer in Stunden: __________ Angelrute: __________

Anwesende Freunde: __________

Lufttemperatur: __________ Wassertemperatur: __________

Windrichtung: __________ Windstärke: __________

Mondphase: __________ ○ ◑ ● ◐ ○ ○

Wetter: ☀ ☁ 🌧 ⛈ __________

Wasserfärbung: ❑ Klar ❑ Trüb ❑ Schlammig

Wasserstand: __________ Strömung: __________

FÄNGE

Fischart	Gewicht	Länge	Köder	Uhrzeit
Notizen:				
Notizen:				
Notizen:				
Notizen:				
Notizen:				
Notizen:				
Notizen:				

Datum: _______________________

Ort: _______________________

Dauer in Stunden: _________ Angelrute: _______________

Anwesende Freunde: _______________________

Lufttemperatur: __________ Wassertemperatur: __________

Windrichtung: ___________ Windstärke: ___________

Mondphase: _______________________ ◐ ◑ ● ◑ ◖ ○

Wetter: ☀ ☁ 🌧 ⛈ _______________________

Wasserfärbung: ❑ Klar ❑ Trüb ❑ Schlammig

Wasserstand: _____________ Strömung: _____________

FÄNGE

Fischart	Gewicht	Länge	Köder	Uhrzeit
Notizen:				
Notizen:				
Notizen:				
Notizen:				
Notizen:				
Notizen:				
Notizen:				

Datum: _______________________

Ort: _______________________

Dauer in Stunden: __________   Angelrute: _______________

Anwesende Freunde: _______________________

Lufttemperatur: __________   Wassertemperatur: __________

Windrichtung: __________   Windstärke: __________

Mondphase: _______________________ ◯ ◑ ● ◐ ◖ ◯

Wetter: ☀ ☁ 🌧 ⛈ _______________________

Wasserfärbung: ❑ Klar ❑ Trüb ❑ Schlammig

Wasserstand: __________   Strömung: __________

FÄNGE

Fischart	Gewicht	Länge	Köder	Uhrzeit
Notizen:				
Notizen:				
Notizen:				
Notizen:				
Notizen:				
Notizen:				
Notizen:				

Datum: ___________________________

Ort: ___________________________

Dauer in Stunden: __________ Angelrute: ___________________

Anwesende Freunde: _______________________________

Lufttemperatur: __________ Wassertemperatur: __________

Windrichtung: __________ Windstärke: __________

Mondphase: _______________________ ○ ◑ ● ◐ ◖ ○

Wetter: ☀ ☁ 🌧 ⛈ _______________________

Wasserfärbung: ❑ Klar ❑ Trüb ❑ Schlammig

Wasserstand: __________ Strömung: __________

FÄNGE

Fischart	Gewicht	Länge	Köder	Uhrzeit
Notizen:				
Notizen:				
Notizen:				
Notizen:				
Notizen:				
Notizen:				
Notizen:				

Datum: _______________________________

Ort: _______________________________

Dauer in Stunden: __________ Angelrute: _______________________

Anwesende Freunde: _______________________________

Lufttemperatur: __________ Wassertemperatur: __________

Windrichtung: ____________ Windstärke: ____________

Mondphase: ___________________________ ◯ ◑ ● ◐ ◯ ◯

Wetter: ☀ ☁ ☂ ☇ _____________________

Wasserfärbung: ❏ Klar ❏ Trüb ❏ Schlammig

Wasserstand: ______________ Strömung: ______________

FÄNGE

Fischart	Gewicht	Länge	Köder	Uhrzeit
Notizen:				
Notizen:				
Notizen:				
Notizen:				
Notizen:				
Notizen:				
Notizen:				
Notizen:				

Datum: _______________________

Ort: _______________________

Dauer in Stunden: _________ Angelrute: _______________

Anwesende Freunde: _________________________

Lufttemperatur: _________ Wassertemperatur: _________

Windrichtung: _____________ Windstärke: _____________

Mondphase: _____________________ ◐ ◑ ● ◑ ○ ○

Wetter: ☀ ☁ 🌧 ⛈ _________________________

Wasserfärbung: ❏ Klar ❏ Trüb ❏ Schlammig

Wasserstand: _____________ Strömung: _____________

FÄNGE

Fischart	Gewicht	Länge	Köder	Uhrzeit
Notizen:				
Notizen:				
Notizen:				
Notizen:				
Notizen:				
Notizen:				
Notizen:				

Datum: _______________________

Ort: _______________________

Dauer in Stunden: _________ Angelrute: _______________

Anwesende Freunde: _______________________

Lufttemperatur: _________ Wassertemperatur: _________

Windrichtung: _________ Windstärke: _________

Mondphase: _______________________ ○ ◑ ● ◐ ○ ○

Wetter: ☀ ☁ 🌧 ⛈ _______________________

Wasserfärbung: ❏ Klar ❏ Trüb ❏ Schlammig

Wasserstand: _____________ Strömung: _____________

FÄNGE

Fischart	Gewicht	Länge	Köder	Uhrzeit
Notizen:				
Notizen:				
Notizen:				
Notizen:				
Notizen:				
Notizen:				
Notizen:				

Datum: _______________________

Ort: _______________________

Dauer in Stunden: __________ Angelrute: _______________

Anwesende Freunde: ______________________

Lufttemperatur: __________ Wassertemperatur: __________

Windrichtung: __________ Windstärke: __________

Mondphase: __________ ◯ ◑ ● ◐ ◒ ◯

Wetter: ☀ ☁ 🌧 ⛈ ________________

Wasserfärbung: ❑ Klar ❑ Trüb ❑ Schlammig

Wasserstand: __________ Strömung: __________

FÄNGE

Fischart	Gewicht	Länge	Köder	Uhrzeit
Notizen:				
Notizen:				
Notizen:				
Notizen:				
Notizen:				
Notizen:				
Notizen:				

Datum: _________________________

Ort: _________________________

Dauer in Stunden: _________ Angelrute: _________________

Anwesende Freunde: _____________________________

Lufttemperatur: _________ Wassertemperatur: _________

Windrichtung: _________ Windstärke: _____________

Mondphase: _____________________ ○ ◑ ● ◐ ◑ ○

Wetter: ☀ ☁ 🌧 ⛈ _____________________

Wasserfärbung: ☐ Klar   ☐ Trüb   ☐ Schlammig

Wasserstand: _____________ Strömung: _____________

FÄNGE

Fischart	Gewicht	Länge	Köder	Uhrzeit
Notizen:				
Notizen:				
Notizen:				
Notizen:				
Notizen:				
Notizen:				
Notizen:				

Datum: _______________________

Ort: _______________________

Dauer in Stunden: _________ Angelrute: _______________

Anwesende Freunde: _______________________

Lufttemperatur: _________ Wassertemperatur: _________

Windrichtung: _________ Windstärke: _________

Mondphase: _______________________ ◐ ◑ ● ◑ ◐ ○

Wetter: ☀ ☁ 🌧 ⛈ _______________________

Wasserfärbung: ❑ Klar ❑ Trüb ❑ Schlammig

Wasserstand: _____________ Strömung: _____________

FÄNGE

Fischart	Gewicht	Länge	Köder	Uhrzeit
Notizen:				
Notizen:				
Notizen:				
Notizen:				
Notizen:				
Notizen:				
Notizen:				

Datum: _______________________

Ort: _______________________

Dauer in Stunden: _________ Angelrute: _______________

Anwesende Freunde: _______________________

Lufttemperatur: _________ Wassertemperatur: _________

Windrichtung: _____________ Windstärke: _____________

Mondphase: _____________________ ◐ ◑ ● ◑ ○ ○

Wetter: ☀ ☁ 🌧 ⛈ _______________

Wasserfärbung: ❑ Klar ❑ Trüb ❑ Schlammig

Wasserstand: _______________ Strömung: _______________

FÄNGE

Fischart	Gewicht	Länge	Köder	Uhrzeit
Notizen:				
Notizen:				
Notizen:				
Notizen:				
Notizen:				
Notizen:				
Notizen:				

Datum: ___________________________

Ort: ___________________________

Dauer in Stunden: _________ Angelrute: _________

Anwesende Freunde: _________________________

Lufttemperatur: _________ Wassertemperatur: _________

Windrichtung: _________ Windstärke: _________

Mondphase: _________

Wetter: _________

Wasserfärbung: ❑ Klar ❑ Trüb ❑ Schlammig

Wasserstand: _________ Strömung: _________

FÄNGE

Fischart	Gewicht	Länge	Köder	Uhrzeit
Notizen:				
Notizen:				
Notizen:				
Notizen:				
Notizen:				
Notizen:				
Notizen:				

Datum: _______________________________

Ort: _________________________________

Dauer in Stunden: __________ Angelrute: ______________

Anwesende Freunde: ___________________________

Lufttemperatur: __________ Wassertemperatur: __________

Windrichtung: __________ Windstärke: __________

Mondphase: __________________________ ○ ◑ ● ◐ ○ ○

Wetter: ☀ ☁ 🌧 ⛈ _________________________

Wasserfärbung: ❑ Klar ❑ Trüb ❑ Schlammig

Wasserstand: _______________ Strömung: _______________

FÄNGE

Fischart	Gewicht	Länge	Köder	Uhrzeit
Notizen:				
Notizen:				
Notizen:				
Notizen:				
Notizen:				
Notizen:				
Notizen:				

Datum: ___________________________

Ort: ___________________________

Dauer in Stunden: __________ Angelrute: ___________________

Anwesende Freunde: _______________________________

Lufttemperatur: __________ Wassertemperatur: __________

Windrichtung: __________ Windstärke: __________

Mondphase: __________ ◯ ◑ ● ◑ ◯ ◯

Wetter: ☀ ☁ 🌧 ⛈ ___________________

Wasserfärbung: ☐ Klar   ☐ Trüb   ☐ Schlammig

Wasserstand: __________ Strömung: __________

FÄNGE

Fischart	Gewicht	Länge	Köder	Uhrzeit
Notizen:				
Notizen:				
Notizen:				
Notizen:				
Notizen:				
Notizen:				
Notizen:				

Datum: _______________________________

Ort: _______________________________

Dauer in Stunden: __________ Angelrute: __________________

Anwesende Freunde: ________________________________

Lufttemperatur: __________ Wassertemperatur: __________

Windrichtung: ____________ Windstärke: ____________

Mondphase: ____________________ ◯ ◐ ● ◑ ◯ ◯

Wetter: ☀ ☁ 🌧 ⛈ ________________________

Wasserfärbung: ❑ Klar ❑ Trüb ❑ Schlammig

Wasserstand: ______________ Strömung: ______________

FÄNGE

Fischart	Gewicht	Länge	Köder	Uhrzeit
Notizen:				
Notizen:				
Notizen:				
Notizen:				
Notizen:				
Notizen:				
Notizen:				

Datum: _______________________________

Ort: _______________________________

Dauer in Stunden: _________ Angelrute: _______________

Anwesende Freunde: _______________________

Lufttemperatur: _________ Wassertemperatur: _________

Windrichtung: _________ Windstärke: _________

Mondphase: _______________ ○ ◑ ● ◐ ○ ○

Wetter: ☀ ☁ 🌧 ⛈ _______________________

Wasserfärbung: ❑ Klar ❑ Trüb ❑ Schlammig

Wasserstand: _________ Strömung: _________

FÄNGE

Fischart	Gewicht	Länge	Köder	Uhrzeit
Notizen:				
Notizen:				
Notizen:				
Notizen:				
Notizen:				
Notizen:				
Notizen:				

Datum: ___________________

Ort: ___________________

Dauer in Stunden: __________ Angelrute: __________

Anwesende Freunde: __________

Lufttemperatur: __________ Wassertemperatur: __________

Windrichtung: __________ Windstärke: __________

Mondphase: __________

Wetter: __________

Wasserfärbung: ❑ Klar ❑ Trüb ❑ Schlammig

Wasserstand: __________ Strömung: __________

FÄNGE

Fischart	Gewicht	Länge	Köder	Uhrzeit
Notizen:				
Notizen:				
Notizen:				
Notizen:				
Notizen:				
Notizen:				
Notizen:				

Datum: _______________________

Ort: _______________________

Dauer in Stunden: __________ Angelrute: __________

Anwesende Freunde: __________________

Lufttemperatur: __________ Wassertemperatur: __________

Windrichtung: __________ Windstärke: __________

Mondphase: __________ ◐ ◐ ● ◐ ○ ○

Wetter: ☀ ☁ 🌧 ⛈ __________________

Wasserfärbung: ❑ Klar ❑ Trüb ❑ Schlammig

Wasserstand: __________ Strömung: __________

FÄNGE

Fischart	Gewicht	Länge	Köder	Uhrzeit
Notizen:				
Notizen:				
Notizen:				
Notizen:				
Notizen:				
Notizen:				
Notizen:				

Datum: _______________________

Ort: _______________________

Dauer in Stunden: __________ Angelrute: _______________

Anwesende Freunde: _______________________

Lufttemperatur: __________ Wassertemperatur: __________

Windrichtung: __________ Windstärke: __________

Mondphase: _______________________ ◯ ◑ ● ◑ ◐ ◯

Wetter: _______________________

Wasserfärbung: ❑ Klar ❑ Trüb ❑ Schlammig

Wasserstand: _______________ Strömung: _______________

FÄNGE

Fischart	Gewicht	Länge	Köder	Uhrzeit
Notizen:				
Notizen:				
Notizen:				
Notizen:				
Notizen:				
Notizen:				
Notizen:				

Datum: _______________________

Ort: _______________________

Dauer in Stunden: __________ Angelrute: _______________

Anwesende Freunde: _______________________

Lufttemperatur: __________ Wassertemperatur: __________

Windrichtung: __________ Windstärke: __________

Mondphase: _______________________ ◐ ◑ ● ◑ ○ ○

Wetter: ☀ ☁ 🌧 ⛈ _______________________

Wasserfärbung: ☐ Klar ☐ Trüb ☐ Schlammig

Wasserstand: __________ Strömung: __________

FÄNGE

Fischart	Gewicht	Länge	Köder	Uhrzeit
Notizen:				
Notizen:				
Notizen:				
Notizen:				
Notizen:				
Notizen:				
Notizen:				

Datum: _______________________________

Ort: _______________________________

Dauer in Stunden: _________ Angelrute: _______________

Anwesende Freunde: _______________________________

Lufttemperatur: _________ Wassertemperatur: _________

Windrichtung: _________ Windstärke: _________

Mondphase: _______________________ ○ ◑ ● ◐ ○ ○

Wetter: ☀ ☁ 🌧 ⛈ _______________________

Wasserfärbung: ❏ Klar   ❏ Trüb   ❏ Schlammig

Wasserstand: _______________ Strömung: _______________

FÄNGE

Fischart	Gewicht	Länge	Köder	Uhrzeit
Notizen:				
Notizen:				
Notizen:				
Notizen:				
Notizen:				
Notizen:				
Notizen:				

Datum: _______________________

Ort: _______________________

Dauer in Stunden: __________ Angelrute: _______________

Anwesende Freunde: _______________________

Lufttemperatur: __________ Wassertemperatur: __________

Windrichtung: __________ Windstärke: __________

Mondphase: _______________________ ◯ ◗ ● ◖ ◯ ◯

Wetter: ☀ ☁ 🌧 ⛈ _______________________

Wasserfärbung: ❑ Klar ❑ Trüb ❑ Schlammig

Wasserstand: __________ Strömung: __________

FÄNGE

Fischart	Gewicht	Länge	Köder	Uhrzeit
Notizen:				
Notizen:				
Notizen:				
Notizen:				
Notizen:				
Notizen:				
Notizen:				

Datum: _______________________

Ort: _______________________

Dauer in Stunden: _________ Angelrute: _______________

Anwesende Freunde: _____________________

Lufttemperatur: _________ Wassertemperatur: _________

Windrichtung: _____________ Windstärke: _____________

Mondphase: _____________________ ○ ◑ ● ◐ ○ ○

Wetter: ☀ ☁ 🌧 ⛈ _____________________

Wasserfärbung: ☐ Klar ☐ Trüb ☐ Schlammig

Wasserstand: _____________ Strömung: _____________

FÄNGE

Fischart	Gewicht	Länge	Köder	Uhrzeit
Notizen:				
Notizen:				
Notizen:				
Notizen:				
Notizen:				
Notizen:				
Notizen:				

Datum: _______________________________________

Ort: ____

Dauer in Stunden: _____________ Angelrute: _______________________

Anwesende Freunde: ___________________________________

Lufttemperatur: _____________ Wassertemperatur: _______________

Windrichtung: _______________ Windstärke: ___________________

Mondphase: _________________________________ ◐◑●◐○○

Wetter: ☀ ☁ 🌧 ⛈ _______________________________

Wasserfärbung: ❑ Klar ❑ Trüb ❑ Schlammig

Wasserstand: _______________ Strömung: _______________

FÄNGE

Fischart	Gewicht	Länge	Köder	Uhrzeit
Notizen:				
Notizen:				
Notizen:				
Notizen:				
Notizen:				
Notizen:				
Notizen:				

Datum: _______________________________

Ort: _______________________________

Dauer in Stunden: _________ Angelrute: _________________

Anwesende Freunde: _______________________

Lufttemperatur: _________ Wassertemperatur: _________

Windrichtung: _____________ Windstärke: _____________

Mondphase: _______________________ ◗ ◑ ● ◐ ○ ○

Wetter: ☀ ☁ 🌧 ⛈ _______________________

Wasserfärbung: ☐ Klar   ☐ Trüb   ☐ Schlammig

Wasserstand: _______________ Strömung: _______________

FÄNGE

Fischart	Gewicht	Länge	Köder	Uhrzeit
Notizen:				
Notizen:				
Notizen:				
Notizen:				
Notizen:				
Notizen:				
Notizen:				

Datum: _______________

Ort: _______________

Dauer in Stunden: _______ Angelrute: _______

Anwesende Freunde: _______________

Lufttemperatur: _______ Wassertemperatur: _______

Windrichtung: _______ Windstärke: _______

Mondphase: _______ ◯ ◖ ● ◗ ◑ ◯

Wetter: ☀ ☁ 🌧 ⛈ _______

Wasserfärbung: ☐ Klar ☐ Trüb ☐ Schlammig

Wasserstand: _______ Strömung: _______

FÄNGE

Fischart	Gewicht	Länge	Köder	Uhrzeit
Notizen:				
Notizen:				
Notizen:				
Notizen:				
Notizen:				
Notizen:				
Notizen:				

Datum: _______________________

Ort: _______________________

Dauer in Stunden: _________ Angelrute: _______________

Anwesende Freunde: _______________________________

Lufttemperatur: _________ Wassertemperatur: _________

Windrichtung: _____________ Windstärke: _____________

Mondphase: _______________________ ○ ◐ ● ◑ ○ ○

Wetter: ☀ ☁ 🌧 ⛈ _______________________

Wasserfärbung: ❑ Klar   ❑ Trüb   ❑ Schlammig

Wasserstand: _______________ Strömung: _______________

FÄNGE

Fischart	Gewicht	Länge	Köder	Uhrzeit
Notizen:				
Notizen:				
Notizen:				
Notizen:				
Notizen:				
Notizen:				
Notizen:				

Datum: _______________________

Ort: _______________________

Dauer in Stunden: _________ Angelrute: _____________

Anwesende Freunde: _____________________

Lufttemperatur: _________ Wassertemperatur: _________

Windrichtung: _________ Windstärke: _________

Mondphase: _____________________ ◐◑●◐○○

Wetter: ☀ ☁ 🌧 ⛈ _____________________

Wasserfärbung: ☐ Klar ☐ Trüb ☐ Schlammig

Wasserstand: _____________ Strömung: _____________

FÄNGE

Fischart	Gewicht	Länge	Köder	Uhrzeit
Notizen:				
Notizen:				
Notizen:				
Notizen:				
Notizen:				
Notizen:				
Notizen:				

Datum: ______________________________

Ort: ______________________________

Dauer in Stunden: __________ Angelrute: __________________

Anwesende Freunde: ______________________________

Lufttemperatur: __________ Wassertemperatur: __________

Windrichtung: __________ Windstärke: __________

Mondphase: ______________________ ◐ ◑ ● ◑ ◐ ○

Wetter: ☀ ☁ 🌧 ⛈ ______________________

Wasserfärbung: ❑ Klar   ❑ Trüb   ❑ Schlammig

Wasserstand: __________ Strömung: __________

FÄNGE

Fischart	Gewicht	Länge	Köder	Uhrzeit
Notizen:				
Notizen:				
Notizen:				
Notizen:				
Notizen:				
Notizen:				
Notizen:				

Datum: ___________________________

Ort: ___________________________

Dauer in Stunden: _________ Angelrute: ___________________

Anwesende Freunde: ___________________________

Lufttemperatur: _________ Wassertemperatur: _________

Windrichtung: _________ Windstärke: ___________

Mondphase: _________________________ ◯ ◖ ● ◐ ◔ ◯

Wetter: ☀ ☁ 🌧 ⛈ ___________________

Wasserfärbung: ☐ Klar ☐ Trüb ☐ Schlammig

Wasserstand: _________ Strömung: ___________

FÄNGE

Fischart	Gewicht	Länge	Köder	Uhrzeit
Notizen:				
Notizen:				
Notizen:				
Notizen:				
Notizen:				
Notizen:				
Notizen:				

Datum: _______________________

Ort: _______________________

Dauer in Stunden: __________   Angelrute: _______________

Anwesende Freunde: _____________________________

Lufttemperatur: __________   Wassertemperatur: __________

Windrichtung: _____________   Windstärke: _____________

Mondphase: _______________________ ◐ ◑ ● ◑ ◯ ◯

Wetter: ☀ ☁ 🌧 ⛈ _______________________

Wasserfärbung: ❑ Klar ❑ Trüb ❑ Schlammig

Wasserstand: _______________   Strömung: _______________

FÄNGE

Fischart	Gewicht	Länge	Köder	Uhrzeit
Notizen:				
Notizen:				
Notizen:				
Notizen:				
Notizen:				
Notizen:				
Notizen:				
Notizen:				

Datum: _______________________________

Ort: _________________________________

Dauer in Stunden: __________ Angelrute: _______________________

Anwesende Freunde: ___________________________________

Lufttemperatur: __________ Wassertemperatur: __________

Windrichtung: ______________ Windstärke: ______________

Mondphase: _________________________ ○ ◑ ● ◐ ○ ○

Wetter: ☀ ☁ 🌧 ⛈ ______________________________

Wasserfärbung: ❑ Klar ❑ Trüb ❑ Schlammig

Wasserstand: ______________ Strömung: ______________

FÄNGE

Fischart	Gewicht	Länge	Köder	Uhrzeit
Notizen:				
Notizen:				
Notizen:				
Notizen:				
Notizen:				
Notizen:				
Notizen:				

Datum: _______________________

Ort: _______________________

Dauer in Stunden: _________   Angelrute: _______________

Anwesende Freunde: _______________________

Lufttemperatur: _________   Wassertemperatur: _________

Windrichtung: _________   Windstärke: _________

Mondphase: _________

Wetter: _______________________

Wasserfärbung: ☐ Klar   ☐ Trüb   ☐ Schlammig

Wasserstand: _________   Strömung: _________

FÄNGE

Fischart	Gewicht	Länge	Köder	Uhrzeit
Notizen:				
Notizen:				
Notizen:				
Notizen:				
Notizen:				
Notizen:				
Notizen:				

Datum: _______________________

Ort: _______________________

Dauer in Stunden: __________   Angelrute: _______________

Anwesende Freunde: _______________________

Lufttemperatur: __________   Wassertemperatur: __________

Windrichtung: __________   Windstärke: __________

Mondphase: _______________________ ◐◑●◑○○

Wetter: ☀ ☁ ☂ ☈ _______________________

Wasserfärbung: ❑ Klar   ❑ Trüb   ❑ Schlammig

Wasserstand: __________   Strömung: __________

FÄNGE

Fischart	Gewicht	Länge	Köder	Uhrzeit
Notizen:				
Notizen:				
Notizen:				
Notizen:				
Notizen:				
Notizen:				
Notizen:				

Datum: ______________________________

Ort: ________________________________

Dauer in Stunden: __________ Angelrute: ________________

Anwesende Freunde: ____________________________

Lufttemperatur: __________ Wassertemperatur: __________

Windrichtung: ______________ Windstärke: ______________

Mondphase: ______________________ ○ ◑ ● ◐ ○ ○

Wetter: ☀ ☁ 🌧 ⛈ ________________________

Wasserfärbung: ❑ Klar ❑ Trüb ❑ Schlammig

Wasserstand: ________________ Strömung: ________________

FÄNGE

Fischart	Gewicht	Länge	Köder	Uhrzeit
Notizen:				
Notizen:				
Notizen:				
Notizen:				
Notizen:				
Notizen:				
Notizen:				

Datum: _______________________

Ort: _______________________

Dauer in Stunden: __________ Angelrute: _______________

Anwesende Freunde: _______________________

Lufttemperatur: __________ Wassertemperatur: __________

Windrichtung: __________ Windstärke: __________

Mondphase: _______________________ � ◑ ● ◑ ◐ ○

Wetter: ☀ ☁ 🌧 ⛈ _______________________

Wasserfärbung: ❑ Klar ❑ Trüb ❑ Schlammig

Wasserstand: __________ Strömung: __________

FÄNGE

Fischart	Gewicht	Länge	Köder	Uhrzeit
Notizen:				
Notizen:				
Notizen:				
Notizen:				
Notizen:				
Notizen:				
Notizen:				

Datum: ______________________

Ort: ______________________

Dauer in Stunden: __________ Angelrute: ______________

Anwesende Freunde: ______________________

Lufttemperatur: __________ Wassertemperatur: __________

Windrichtung: __________ Windstärke: __________

Mondphase: ______________________ ◗ ◑ ● ◐ ○ ○

Wetter: ☀ ☁ 🌧 ⛈ ______________________

Wasserfärbung: ❑ Klar ❑ Trüb ❑ Schlammig

Wasserstand: ______________ Strömung: ______________

FÄNGE

Fischart	Gewicht	Länge	Köder	Uhrzeit
Notizen:				
Notizen:				
Notizen:				
Notizen:				
Notizen:				
Notizen:				
Notizen:				

Datum: _______________________________

Ort: _______________________________

Dauer in Stunden: __________ Angelrute: _______________________

Anwesende Freunde: _______________________________

Lufttemperatur: __________ Wassertemperatur: __________

Windrichtung: __________ Windstärke: __________

Mondphase: _______________________ ◐ ◑ ● ◐ ◑ ○

Wetter: ☀ ☁ 🌧 ⛈ _______________________

Wasserfärbung: ❑ Klar ❑ Trüb ❑ Schlammig

Wasserstand: __________ Strömung: __________

FÄNGE

Fischart	Gewicht	Länge	Köder	Uhrzeit
Notizen:				
Notizen:				
Notizen:				
Notizen:				
Notizen:				
Notizen:				
Notizen:				

Datum: _______________________

Ort: _______________________

Dauer in Stunden: _________ Angelrute: _______________

Anwesende Freunde: _______________________

Lufttemperatur: _________ Wassertemperatur: _________

Windrichtung: _________ Windstärke: _________

Mondphase: _______________________ ☽ ☾ ● ◐ ○ ○

Wetter: ☀ ☁ 🌧 ⛈ _______________________

Wasserfärbung: ☐ Klar ☐ Trüb ☐ Schlammig

Wasserstand: _________ Strömung: _________

FÄNGE

Fischart	Gewicht	Länge	Köder	Uhrzeit
Notizen:				
Notizen:				
Notizen:				
Notizen:				
Notizen:				
Notizen:				
Notizen:				
Notizen:				

Datum: _______________________

Ort: _______________________

Dauer in Stunden: _________   Angelrute: _______________

Anwesende Freunde: _____________________________

Lufttemperatur: _________   Wassertemperatur: _________

Windrichtung: _____________   Windstärke: _____________

Mondphase: _______________________   ◯ ◐ ● ◑ ◯ ◯

Wetter: ☀ ☁ 🌧 ⛈ _______________________

Wasserfärbung: ☐ Klar   ☐ Trüb   ☐ Schlammig

Wasserstand: _______________   Strömung: _______________

FÄNGE

Fischart	Gewicht	Länge	Köder	Uhrzeit
Notizen:				
Notizen:				
Notizen:				
Notizen:				
Notizen:				
Notizen:				
Notizen:				

Datum: _______________________

Ort: _______________________

Dauer in Stunden: _________ Angelrute: _______________

Anwesende Freunde: _______________________

Lufttemperatur: _________ Wassertemperatur: _________

Windrichtung: _________ Windstärke: _________

Mondphase: _______________________ ◐ ◑ ● ◐ ◐ ○

Wetter: ☀ ☁ 🌧 ⛈ _______________________

Wasserfärbung: ❑ Klar   ❑ Trüb   ❑ Schlammig

Wasserstand: _____________ Strömung: _____________

FÄNGE

Fischart	Gewicht	Länge	Köder	Uhrzeit
Notizen:				
Notizen:				
Notizen:				
Notizen:				
Notizen:				
Notizen:				
Notizen:				
Notizen:				

Datum: _______________________________

Ort: _______________________________

Dauer in Stunden: __________ Angelrute: _______________________

Anwesende Freunde: _______________________________

Lufttemperatur: __________ Wassertemperatur: __________

Windrichtung: _____________ Windstärke: _____________

Mondphase: _______________________ ◯ ◗ ● ◐ ◖ ◯

Wetter: ☀ ☁ 🌧 ⛈ _______________________

Wasserfärbung: ☐ Klar   ☐ Trüb   ☐ Schlammig

Wasserstand: _______________ Strömung: _______________

FÄNGE

Fischart	Gewicht	Länge	Köder	Uhrzeit
Notizen:				
Notizen:				
Notizen:				
Notizen:				
Notizen:				
Notizen:				
Notizen:				

Datum: ___________________________

Ort: ___________________________

Dauer in Stunden: _________ Angelrute: _______________

Anwesende Freunde: _______________________

Lufttemperatur: _________ Wassertemperatur: _________

Windrichtung: _________ Windstärke: _________

Mondphase: _______________________ 🌑🌒🌓🌔🌕🌖

Wetter: ☀ ☁ 🌧 ⛈ _______________

Wasserfärbung: ❑ Klar ❑ Trüb ❑ Schlammig

Wasserstand: _____________ Strömung: _____________

FÄNGE

Fischart	Gewicht	Länge	Köder	Uhrzeit
Notizen:				
Notizen:				
Notizen:				
Notizen:				
Notizen:				
Notizen:				
Notizen:				

Datum: _______________________

Ort: _______________________

Dauer in Stunden: _________ Angelrute: _______________

Anwesende Freunde: _______________________

Lufttemperatur: _________ Wassertemperatur: _________

Windrichtung: _________ Windstärke: _________

Mondphase: _______________________

Wetter: _______________________

Wasserfärbung: ☐ Klar ☐ Trüb ☐ Schlammig

Wasserstand: _________ Strömung: _________

FÄNGE

Fischart	Gewicht	Länge	Köder	Uhrzeit
Notizen:				
Notizen:				
Notizen:				
Notizen:				
Notizen:				
Notizen:				
Notizen:				

Datum: _______________________

Ort: _______________________

Dauer in Stunden: _________ Angelrute: _______________

Anwesende Freunde: _______________________

Lufttemperatur: _________ Wassertemperatur: _________

Windrichtung: _____________ Windstärke: _____________

Mondphase: _____________________ ◖ ◖ ● ◑ ○ ○

Wetter: ☀ ☁ 🌧 ⛈ _______________________

Wasserfärbung: ☐ Klar ☐ Trüb ☐ Schlammig

Wasserstand: _______________ Strömung: _______________

FÄNGE

Fischart	Gewicht	Länge	Köder	Uhrzeit
Notizen:				
Notizen:				
Notizen:				
Notizen:				
Notizen:				
Notizen:				
Notizen:				

Datum: _______________________

Ort: _______________________

Dauer in Stunden: _________ Angelrute: _______________________

Anwesende Freunde: _______________________

Lufttemperatur: _________ Wassertemperatur: _________

Windrichtung: _________ Windstärke: _________

Mondphase: _________ ◗ ◑ ● ◐ ◯ ◯

Wetter: ☀ ☁ 🌧 ⛈ _______________________

Wasserfärbung: ❑ Klar ❑ Trüb ❑ Schlammig

Wasserstand: _________ Strömung: _________

FÄNGE

Fischart	Gewicht	Länge	Köder	Uhrzeit
Notizen:				
Notizen:				
Notizen:				
Notizen:				
Notizen:				
Notizen:				
Notizen:				

Datum: _______________________

Ort: _______________________

Dauer in Stunden: _________ Angelrute: _____________

Anwesende Freunde: _______________________

Lufttemperatur: _________ Wassertemperatur: _________

Windrichtung: _____________ Windstärke: _____________

Mondphase: _______________________ ◯ ◑ ● ◐ ◔ ◯

Wetter: ☀ ☁ 🌧 ⛈ _______________________

Wasserfärbung: ❑ Klar ❑ Trüb ❑ Schlammig

Wasserstand: _____________ Strömung: _____________

FÄNGE

Fischart	Gewicht	Länge	Köder	Uhrzeit
Notizen:				
Notizen:				
Notizen:				
Notizen:				
Notizen:				
Notizen:				
Notizen:				
Notizen:				

Datum: ___________________________

Ort: _____________________________

Dauer in Stunden: __________ Angelrute: ______________

Anwesende Freunde: _______________________________

Lufttemperatur: __________ Wassertemperatur: __________

Windrichtung: ____________ Windstärke: ____________

Mondphase: ____________________ ○ ◑ ● ◐ ◔ ○

Wetter: ☀ ☁ 🌧 ⛈ __________________________

Wasserfärbung: ❑ Klar ❑ Trüb ❑ Schlammig

Wasserstand: ____________ Strömung: ____________

FÄNGE

Fischart	Gewicht	Länge	Köder	Uhrzeit
Notizen:				
Notizen:				
Notizen:				
Notizen:				
Notizen:				
Notizen:				
Notizen:				

Datum: ___________________________

Ort: ___________________________

Dauer in Stunden: __________ Angelrute: ________________

Anwesende Freunde: ____________________________

Lufttemperatur: __________ Wassertemperatur: __________

Windrichtung: ____________ Windstärke: ____________

Mondphase: ___________________________ ◐ ◑ ● ◑ ○ ○

Wetter: ☀ ☁ 🌧 ⛈ ____________________________

Wasserfärbung: ❑ Klar   ❑ Trüb   ❑ Schlammig

Wasserstand: ______________ Strömung: ______________

FÄNGE

Fischart	Gewicht	Länge	Köder	Uhrzeit
Notizen:				
Notizen:				
Notizen:				
Notizen:				
Notizen:				
Notizen:				
Notizen:				

Datum: _______________________

Ort: _______________________

Dauer in Stunden: __________ Angelrute: _______________

Anwesende Freunde: _______________________

Lufttemperatur: __________ Wassertemperatur: __________

Windrichtung: __________ Windstärke: __________

Mondphase: _______________________ ◐ ◑ ● ◐ ◑ ○

Wetter: ☀ ☁ 🌧 ⛈ _______________________

Wasserfärbung: ❑ Klar ❑ Trüb ❑ Schlammig

Wasserstand: _______________ Strömung: _______________

FÄNGE

Fischart	Gewicht	Länge	Köder	Uhrzeit
Notizen:				
Notizen:				
Notizen:				
Notizen:				
Notizen:				
Notizen:				
Notizen:				

Datum: _________________________________

Ort: ___________________________________

Dauer in Stunden: __________ Angelrute: ___________________

Anwesende Freunde: ___________________________

Lufttemperatur: __________ Wassertemperatur: __________

Windrichtung: ______________ Windstärke: ______________

Mondphase: _________________________ ○ ◑ ● ◐ ○ ○

Wetter: ☀ ☁ 🌧 ⛈ ___________________________

Wasserfärbung: ☐ Klar ☐ Trüb ☐ Schlammig

Wasserstand: ________________ Strömung: ________________

FÄNGE

Fischart	Gewicht	Länge	Köder	Uhrzeit
Notizen:				
Notizen:				
Notizen:				
Notizen:				
Notizen:				
Notizen:				
Notizen:				

Datum: _______________________

Ort: _______________________

Dauer in Stunden: _________ Angelrute: _______________

Anwesende Freunde: _______________________

Lufttemperatur: _________ Wassertemperatur: _________

Windrichtung: _________ Windstärke: _________

Mondphase: _______________ ◯ ◑ ● ◑ ◯ ◯

Wetter: ☀ ☁ 🌧 ⛈ _______________

Wasserfärbung: ❑ Klar ❑ Trüb ❑ Schlammig

Wasserstand: _____________ Strömung: _____________

FÄNGE

Fischart	Gewicht	Länge	Köder	Uhrzeit
Notizen:				
Notizen:				
Notizen:				
Notizen:				
Notizen:				
Notizen:				
Notizen:				
Notizen:				

Datum: _______________________

Ort: _______________________

Dauer in Stunden: _________ Angelrute: _____________

Anwesende Freunde: _______________________

Lufttemperatur: _________ Wassertemperatur: _________

Windrichtung: _________ Windstärke: _________

Mondphase: _______________________ ○ ◔ ● ◑ ◕ ○

Wetter: ☀ ☁ 🌧 ⛈ _______________________

Wasserfärbung: ❑ Klar ❑ Trüb ❑ Schlammig

Wasserstand: _________ Strömung: _________

FÄNGE

Fischart	Gewicht	Länge	Köder	Uhrzeit
Notizen:				
Notizen:				
Notizen:				
Notizen:				
Notizen:				
Notizen:				
Notizen:				

Datum: _______________________

Ort: _______________________

Dauer in Stunden: __________ Angelrute: ______________

Anwesende Freunde: ___________________________

Lufttemperatur: __________ Wassertemperatur: __________

Windrichtung: ____________ Windstärke: ____________

Mondphase: _______________________ ◯ ◑ ● ◐ ◯ ◯

Wetter: ☀ ☁ 🌧 ⛈ _______________________

Wasserfärbung: ❏ Klar ❏ Trüb ❏ Schlammig

Wasserstand: ______________ Strömung: ______________

FÄNGE

Fischart	Gewicht	Länge	Köder	Uhrzeit
Notizen:				
Notizen:				
Notizen:				
Notizen:				
Notizen:				
Notizen:				
Notizen:				

Datum: ______________________

Ort: ______________________

Dauer in Stunden: ________ Angelrute: ______________

Anwesende Freunde: ______________________

Lufttemperatur: __________ Wassertemperatur: __________

Windrichtung: __________ Windstärke: __________

Mondphase: __________________

Wetter: ☀ ☁ 🌧 ⛈ ______________________

Wasserfärbung: ❑ Klar ❑ Trüb ❑ Schlammig

Wasserstand: ______________ Strömung: ______________

FÄNGE

Fischart	Gewicht	Länge	Köder	Uhrzeit
Notizen:				
Notizen:				
Notizen:				
Notizen:				
Notizen:				
Notizen:				
Notizen:				

Datum: _________________________________

Ort: ___________________________________

Dauer in Stunden: __________ Angelrute: _______________

Anwesende Freunde: _________________________________

Lufttemperatur: __________ Wassertemperatur: __________

Windrichtung: ____________ Windstärke: ____________

Mondphase: _______________ ◯ ◑ ● ◐ ◐ ◯

Wetter: ☀ ☁ 🌧 ⛈ ____________________

Wasserfärbung: ☐ Klar ☐ Trüb ☐ Schlammig

Wasserstand: ______________ Strömung: ______________

FÄNGE

Fischart	Gewicht	Länge	Köder	Uhrzeit
Notizen:				
Notizen:				
Notizen:				
Notizen:				
Notizen:				
Notizen:				
Notizen:				

Datum: _______________________

Ort: _______________________

Dauer in Stunden: ___________ Angelrute: _______________

Anwesende Freunde: _______________________

Lufttemperatur: ___________ Wassertemperatur: ___________

Windrichtung: ___________ Windstärke: ___________

Mondphase: _______________________ ◐ ◐ ● ◐ ◐ ◯

Wetter: ☀ ☁ 🌧 ⛈ _______________________

Wasserfärbung: ☐ Klar   ☐ Trüb   ☐ Schlammig

Wasserstand: _______________ Strömung: _______________

FÄNGE

Fischart	Gewicht	Länge	Köder	Uhrzeit
Notizen:				
Notizen:				
Notizen:				
Notizen:				
Notizen:				
Notizen:				
Notizen:				

Datum: _______________

Ort: _______________

Dauer in Stunden: _______ Angelrute: _______________

Anwesende Freunde: _______________

Lufttemperatur: _______ Wassertemperatur: _______

Windrichtung: _______ Windstärke: _______

Mondphase: _______________ ○ ◑ ● ◐ ○ ○

Wetter: _______________

Wasserfärbung: ❑ Klar ❑ Trüb ❑ Schlammig

Wasserstand: _______ Strömung: _______

FÄNGE

Fischart	Gewicht	Länge	Köder	Uhrzeit
Notizen:				
Notizen:				
Notizen:				
Notizen:				
Notizen:				
Notizen:				
Notizen:				

Datum: _______________________

Ort: _______________________

Dauer in Stunden: _________ Angelrute: _______________

Anwesende Freunde: _______________________

Lufttemperatur: _________ Wassertemperatur: _________

Windrichtung: _____________ Windstärke: _____________

Mondphase: _______________________ ◐ ◑ ● ◑ ◒ ○

Wetter: ☀ ☁ 🌧 ⛈ _______________________

Wasserfärbung: ☐ Klar ☐ Trüb ☐ Schlammig

Wasserstand: _____________ Strömung: _____________

FÄNGE

Fischart	Gewicht	Länge	Köder	Uhrzeit
Notizen:				
Notizen:				
Notizen:				
Notizen:				
Notizen:				
Notizen:				
Notizen:				

Datum: _______________________

Ort: _______________________

Dauer in Stunden: _________ Angelrute: _______________

Anwesende Freunde: _______________________

Lufttemperatur: _________ Wassertemperatur: _________

Windrichtung: _________ Windstärke: _________

Mondphase: _______________________ ◯ ◖ ● ◗ ◕ ◯

Wetter: ☀ ☁ 🌧 ⛈ _______________________

Wasserfärbung: ❑ Klar ❑ Trüb ❑ Schlammig

Wasserstand: _________ Strömung: _________

FÄNGE

Fischart	Gewicht	Länge	Köder	Uhrzeit
Notizen:				
Notizen:				
Notizen:				
Notizen:				
Notizen:				
Notizen:				
Notizen:				

Datum: _______________________________

Ort: _______________________________

Dauer in Stunden: __________ Angelrute: _______________

Anwesende Freunde: _______________________________

Lufttemperatur: __________ Wassertemperatur: __________

Windrichtung: __________ Windstärke: __________

Mondphase: _______________________ ○ ◑ ● ◐ ○ ○

Wetter: ☀ ☁ ☔ ⛈ _______________________

Wasserfärbung: ❑ Klar ❑ Trüb ❑ Schlammig

Wasserstand: __________ Strömung: __________

FÄNGE

Fischart	Gewicht	Länge	Köder	Uhrzeit
Notizen:				
Notizen:				
Notizen:				
Notizen:				
Notizen:				
Notizen:				
Notizen:				

Datum: _______________________

Ort: _______________________

Dauer in Stunden: _________ Angelrute: _______________

Anwesende Freunde: _______________________

Lufttemperatur: _________ Wassertemperatur: _________

Windrichtung: _________ Windstärke: _________

Mondphase: _______________________ ○ ◑ ● ◐ ○ ○

Wetter: ☀ ☁ ☂ ⛈ _______________________

Wasserfärbung: ☐ Klar ☐ Trüb ☐ Schlammig

Wasserstand: _________ Strömung: _________

FÄNGE

Fischart	Gewicht	Länge	Köder	Uhrzeit
Notizen:				
Notizen:				
Notizen:				
Notizen:				
Notizen:				
Notizen:				
Notizen:				

Datum: ___________________________

Ort: ___________________________

Dauer in Stunden: _________ Angelrute: _______________

Anwesende Freunde: _____________________________

Lufttemperatur: __________ Wassertemperatur: __________

Windrichtung: ____________ Windstärke: ____________

Mondphase: _________________________ ◐ ◑ ● ◑ ◯ ◯

Wetter: ☀ ☁ 🌧 ⛈ _____________________

Wasserfärbung: ☐ Klar ☐ Trüb ☐ Schlammig

Wasserstand: ______________ Strömung: ______________

FÄNGE

Fischart	Gewicht	Länge	Köder	Uhrzeit
Notizen:				
Notizen:				
Notizen:				
Notizen:				
Notizen:				
Notizen:				
Notizen:				

Datum: _______________________

Ort: _______________________

Dauer in Stunden: __________ Angelrute: _______________

Anwesende Freunde: _______________________

Lufttemperatur: __________ Wassertemperatur: __________

Windrichtung: __________ Windstärke: __________

Mondphase: _______________________ ◯ ◑ ● ◐ ◯ ◯

Wetter: ☀ ☁ 🌧 ⛈ _______________________

Wasserfärbung: ❑ Klar ❑ Trüb ❑ Schlammig

Wasserstand: _______________ Strömung: _______________

FÄNGE

Fischart	Gewicht	Länge	Köder	Uhrzeit
Notizen:				
Notizen:				
Notizen:				
Notizen:				
Notizen:				
Notizen:				
Notizen:				

Datum: _______________

Ort: _______________

Dauer in Stunden: _________ Angelrute: _______________

Anwesende Freunde: _______________

Lufttemperatur: _________ Wassertemperatur: _________

Windrichtung: _________ Windstärke: _________

Mondphase: _______________ ○ ◑ ● ◐ ◔ ○

Wetter: ☀ ☁ 🌧 ⛈ _______________

Wasserfärbung: ❑ Klar ❑ Trüb ❑ Schlammig

Wasserstand: _________ Strömung: _________

FÄNGE

Fischart	Gewicht	Länge	Köder	Uhrzeit
Notizen:				
Notizen:				
Notizen:				
Notizen:				
Notizen:				
Notizen:				
Notizen:				

Datum: ___________________________

Ort: ___________________________

Dauer in Stunden: __________ Angelrute: __________________

Anwesende Freunde: ___________________________

Lufttemperatur: __________ Wassertemperatur: __________

Windrichtung: __________ Windstärke: __________

Mondphase: __________

Wetter: __________

Wasserfärbung: ☐ Klar ☐ Trüb ☐ Schlammig

Wasserstand: __________ Strömung: __________

FÄNGE

Fischart	Gewicht	Länge	Köder	Uhrzeit
Notizen:				
Notizen:				
Notizen:				
Notizen:				
Notizen:				
Notizen:				
Notizen:				

Datum: _______________________________________

Ort: ____

Dauer in Stunden: _________ Angelrute: _____________

Anwesende Freunde: _________________________

Lufttemperatur: _________ Wassertemperatur: _________

Windrichtung: _________ Windstärke: _________

Mondphase: _________ ◐ ◑ ● ◕ ○ ○

Wetter: ☀ ☁ 🌧 ⛈ _________________

Wasserfärbung: ❑ Klar ❑ Trüb ❑ Schlammig

Wasserstand: _________ Strömung: _________

FÄNGE

Fischart	Gewicht	Länge	Köder	Uhrzeit
Notizen:				
Notizen:				
Notizen:				
Notizen:				
Notizen:				
Notizen:				
Notizen:				

Datum: _______________________

Ort: _______________________

Dauer in Stunden: _________ Angelrute: _______________

Anwesende Freunde: _______________________

Lufttemperatur: _________ Wassertemperatur: _________

Windrichtung: _________ Windstärke: _________

Mondphase: _________ ◐ ◑ ● ◑ ○ ○

Wetter: ☀ ☁ 🌧 ⛈ _______________

Wasserfärbung: ❑ Klar ❑ Trüb ❑ Schlammig

Wasserstand: _________ Strömung: _________

FÄNGE

Fischart	Gewicht	Länge	Köder	Uhrzeit
Notizen:				
Notizen:				
Notizen:				
Notizen:				
Notizen:				
Notizen:				
Notizen:				
Notizen:				

Datum: _______________________________

Ort: _______________________________

Dauer in Stunden: __________   Angelrute: _______________________

Anwesende Freunde: _______________________________

Lufttemperatur: __________   Wassertemperatur: __________

Windrichtung: __________   Windstärke: __________

Mondphase: _______________________ ◯ ◑ ● ◑ ◯ ◯

Wetter: ☀ ☁ 🌧 ⛈ _______________________

Wasserfärbung: ❑ Klar   ❑ Trüb   ❑ Schlammig

Wasserstand: __________   Strömung: __________

FÄNGE

Fischart	Gewicht	Länge	Köder	Uhrzeit
Notizen:				
Notizen:				
Notizen:				
Notizen:				
Notizen:				
Notizen:				
Notizen:				

Datum: _______________________

Ort: _______________________

Dauer in Stunden: _________ Angelrute: _____________

Anwesende Freunde: _______________________

Lufttemperatur: _________ Wassertemperatur: _________

Windrichtung: _____________ Windstärke: _____________

Mondphase: _____________________

Wetter: _____________________

Wasserfärbung: ❑ Klar ❑ Trüb ❑ Schlammig

Wasserstand: _____________ Strömung: _____________

FÄNGE

Fischart	Gewicht	Länge	Köder	Uhrzeit
Notizen:				
Notizen:				
Notizen:				
Notizen:				
Notizen:				
Notizen:				
Notizen:				

Datum: _______________________

Ort: _______________________

Dauer in Stunden: _________ Angelrute: _______________

Anwesende Freunde: _______________________

Lufttemperatur: _________ Wassertemperatur: _________

Windrichtung: _________ Windstärke: _________

Mondphase: _______________________ ◐ ◑ ● ◐ ◑ ○

Wetter: ☀ ☁ 🌧 ⛈ _______________________

Wasserfärbung: ❏ Klar ❏ Trüb ❏ Schlammig

Wasserstand: _________ Strömung: _________

FÄNGE

Fischart	Gewicht	Länge	Köder	Uhrzeit

Notizen:

Notizen:

Notizen:

Notizen:

Notizen:

Notizen:

Notizen:

Datum: _______________________________

Ort: _________________________________

Dauer in Stunden: _____________ Angelrute: _________________

Anwesende Freunde: _________________________________

Lufttemperatur: _____________ Wassertemperatur: _____________

Windrichtung: _____________ Windstärke: _____________

Mondphase: _____________________ ◐ ◑ ● ◑ ◐ ○

Wetter: ☀ ☁ 🌧 ⛈ _________________________

Wasserfärbung: ❑ Klar ❑ Trüb ❑ Schlammig

Wasserstand: _______________ Strömung: _______________

FÄNGE

Fischart	Gewicht	Länge	Köder	Uhrzeit
Notizen:				
Notizen:				
Notizen:				
Notizen:				
Notizen:				
Notizen:				
Notizen:				

Datum: _______________________

Ort: _______________________

Dauer in Stunden: _________ Angelrute: _______________

Anwesende Freunde: _______________________

Lufttemperatur: _________ Wassertemperatur: _________

Windrichtung: _________ Windstärke: _____________

Mondphase: _______________ ◯ ◑ ● ◐ ◯ ◯

Wetter: ☀ ☁ 🌧 ⛈ _______________________

Wasserfärbung: ☐ Klar ☐ Trüb ☐ Schlammig

Wasserstand: _____________ Strömung: _____________

FÄNGE

Fischart	Gewicht	Länge	Köder	Uhrzeit
Notizen:				
Notizen:				
Notizen:				
Notizen:				
Notizen:				
Notizen:				
Notizen:				

Datum: ___________________________

Ort: ___________________________

Dauer in Stunden: _________ Angelrute: _______________

Anwesende Freunde: _______________________

Lufttemperatur: _________ Wassertemperatur: _________

Windrichtung: _________ Windstärke: _________

Mondphase: _________________ ○ ◑ ● ◐ ○ ○

Wetter: ☀ ☁ 🌧 ⛈ _______________

Wasserfärbung: ☐ Klar ☐ Trüb ☐ Schlammig

Wasserstand: _____________ Strömung: _____________

FÄNGE

Fischart	Gewicht	Länge	Köder	Uhrzeit
Notizen:				
Notizen:				
Notizen:				
Notizen:				
Notizen:				
Notizen:				
Notizen:				

Datum: _______________________

Ort: _______________________

Dauer in Stunden: _________ Angelrute: _______________

Anwesende Freunde: _____________________________

Lufttemperatur: _________ Wassertemperatur: _________

Windrichtung: _____________ Windstärke: _____________

Mondphase: _____________________ ○ ◑ ● ◐ ◐ ○

Wetter: ☀ ☁ ☂ ⛈ _____________________

Wasserfärbung: ☐ Klar ☐ Trüb ☐ Schlammig

Wasserstand: ______________ Strömung: ______________

FÄNGE

Fischart	Gewicht	Länge	Köder	Uhrzeit
Notizen:				
Notizen:				
Notizen:				
Notizen:				
Notizen:				
Notizen:				
Notizen:				

Datum: _______________________________

Ort: _______________________________

Dauer in Stunden: __________   Angelrute: _______________________

Anwesende Freunde: _______________________________

Lufttemperatur: ____________   Wassertemperatur: ____________

Windrichtung: ____________   Windstärke: ____________

Mondphase: ____________________   ◐ ◑ ● ◑ ◯ ◯

Wetter: ☀ ☁ 🌧 ⛈ _______________________________

Wasserfärbung: ❑ Klar   ❑ Trüb   ❑ Schlammig

Wasserstand: ____________   Strömung: ____________

FÄNGE

Fischart	Gewicht	Länge	Köder	Uhrzeit
Notizen:				
Notizen:				
Notizen:				
Notizen:				
Notizen:				
Notizen:				
Notizen:				

Datum: _______________

Ort: _______________

Dauer in Stunden: _______ Angelrute: _______________

Anwesende Freunde: _______________

Lufttemperatur: _______ Wassertemperatur: _______

Windrichtung: _______ Windstärke: _______

Mondphase: _______________

Wetter: _______________

Wasserfärbung: ❑ Klar ❑ Trüb ❑ Schlammig

Wasserstand: _______ Strömung: _______

FÄNGE

Fischart	Gewicht	Länge	Köder	Uhrzeit
Notizen:				
Notizen:				
Notizen:				
Notizen:				
Notizen:				
Notizen:				
Notizen:				

Datum: _______________________________

Ort: _______________________________

Dauer in Stunden: __________ Angelrute: _______________

Anwesende Freunde: _______________________________

Lufttemperatur: __________ Wassertemperatur: __________

Windrichtung: __________ Windstärke: __________

Mondphase: _______________ ◐ ◑ ● ◑ ◐ ○

Wetter: ☀ ☁ 🌧 ⛈ _______________________________

Wasserfärbung: ❑ Klar ❑ Trüb ❑ Schlammig

Wasserstand: __________ Strömung: __________

FÄNGE

Fischart	Gewicht	Länge	Köder	Uhrzeit
Notizen:				
Notizen:				
Notizen:				
Notizen:				
Notizen:				
Notizen:				
Notizen:				

Datum: _______________________

Ort: _______________________

Dauer in Stunden: _________ Angelrute: _______________

Anwesende Freunde: _______________________

Lufttemperatur: _________ Wassertemperatur: _________

Windrichtung: _________ Windstärke: _________

Mondphase: _______________________ ◐ ◑ ● ◑ ○ ○

Wetter: _______________________

Wasserfärbung: ❑ Klar ❑ Trüb ❑ Schlammig

Wasserstand: _____________ Strömung: _____________

FÄNGE

Fischart	Gewicht	Länge	Köder	Uhrzeit
Notizen:				
Notizen:				
Notizen:				
Notizen:				
Notizen:				
Notizen:				
Notizen:				

Datum: ______________________________

Ort: ________________________________

Dauer in Stunden: __________ Angelrute: ________________

Anwesende Freunde: ______________________________

Lufttemperatur: __________ Wassertemperatur: __________

Windrichtung: __________ Windstärke: __________

Mondphase: ______________________ ◐ ◑ ● ◑ ○ ○

Wetter: ☀ ☁ 🌧 ⛈ ______________________

Wasserfärbung: ❑ Klar ❑ Trüb ❑ Schlammig

Wasserstand: __________ Strömung: __________

FÄNGE

Fischart	Gewicht	Länge	Köder	Uhrzeit
Notizen:				
Notizen:				
Notizen:				
Notizen:				
Notizen:				
Notizen:				
Notizen:				

Datum: _______________________________

Ort: _________________________________

Dauer in Stunden: __________ Angelrute: _______________________

Anwesende Freunde: _______________________________

Lufttemperatur: __________ Wassertemperatur: __________

Windrichtung: __________ Windstärke: __________

Mondphase: _______________________ ◯ ◑ ● ◐ ◯ ◯

Wetter: ☀ ☁ 🌧 ⛈ _______________________

Wasserfärbung: ❑ Klar ❑ Trüb ❑ Schlammig

Wasserstand: __________ Strömung: __________

FÄNGE

Fischart	Gewicht	Länge	Köder	Uhrzeit
Notizen:				
Notizen:				
Notizen:				
Notizen:				
Notizen:				
Notizen:				
Notizen:				

Datum: _______________________________

Ort: _______________________________

Dauer in Stunden: _________   Angelrute: _______________

Anwesende Freunde: _______________________________

Lufttemperatur: _________   Wassertemperatur: _________

Windrichtung: _____________   Windstärke: _____________

Mondphase: _______________________________ ◯ ◐ ● ◑ ◯ ◯

Wetter: ☀ ☁ 🌧 ⛈ _______________________________

Wasserfärbung: ❑ Klar   ❑ Trüb   ❑ Schlammig

Wasserstand: _______________   Strömung: _______________

FÄNGE

Fischart	Gewicht	Länge	Köder	Uhrzeit
Notizen:				
Notizen:				
Notizen:				
Notizen:				
Notizen:				
Notizen:				
Notizen:				
Notizen:				

Datum: _______________________

Ort: _______________________

Dauer in Stunden: __________ Angelrute: __________

Anwesende Freunde: _______________________

Lufttemperatur: __________ Wassertemperatur: __________

Windrichtung: __________ Windstärke: __________

Mondphase: __________ ○ ◑ ● ◐ ○ ○

Wetter: ☀ ☁ 🌧 ⛈ _______________________

Wasserfärbung: ❑ Klar ❑ Trüb ❑ Schlammig

Wasserstand: __________ Strömung: __________

FÄNGE

Fischart	Gewicht	Länge	Köder	Uhrzeit
Notizen:				
Notizen:				
Notizen:				
Notizen:				
Notizen:				
Notizen:				
Notizen:				

Datum: _______________________

Ort: _______________________

Dauer in Stunden: __________ Angelrute: __________

Anwesende Freunde: _______________________

Lufttemperatur: __________ Wassertemperatur: __________

Windrichtung: __________ Windstärke: __________

Mondphase: __________ ○ ◑ ● ◐ ◔ ○

Wetter: ☀ ☁ 🌧 ⛈ __________

Wasserfärbung: ☐ Klar ☐ Trüb ☐ Schlammig

Wasserstand: __________ Strömung: __________

FÄNGE

Fischart	Gewicht	Länge	Köder	Uhrzeit
Notizen:				
Notizen:				
Notizen:				
Notizen:				
Notizen:				
Notizen:				
Notizen:				

Datum: _______________________________

Ort: _______________________________

Dauer in Stunden: _________   Angelrute: _________________

Anwesende Freunde: _______________________________

Lufttemperatur: _________   Wassertemperatur: _________

Windrichtung: _____________   Windstärke: _____________

Mondphase: _______________________   ○ ◑ ● ◐ ○ ○

Wetter: ☀ ☁ 🌧 ⛈ _______________________________

Wasserfärbung: ❑ Klar   ❑ Trüb   ❑ Schlammig

Wasserstand: _______________   Strömung: _______________

FÄNGE

Fischart	Gewicht	Länge	Köder	Uhrzeit
Notizen:				
Notizen:				
Notizen:				
Notizen:				
Notizen:				
Notizen:				
Notizen:				

Datum: _______________________

Ort: _______________________

Dauer in Stunden: _________ Angelrute: _______________

Anwesende Freunde: _______________________

Lufttemperatur: _________ Wassertemperatur: _________

Windrichtung: _________ Windstärke: _________

Mondphase: _________________ ○ ◑ ● ◐ ○ ○

Wetter: ☀ ☁ 🌧 ⛈ _______________________

Wasserfärbung: ❑ Klar ❑ Trüb ❑ Schlammig

Wasserstand: _____________ Strömung: _____________

FÄNGE

Fischart	Gewicht	Länge	Köder	Uhrzeit
Notizen:				
Notizen:				
Notizen:				
Notizen:				
Notizen:				
Notizen:				
Notizen:				

Datum: _______________________________

Ort: _______________________________

Dauer in Stunden: __________ Angelrute: __________________

Anwesende Freunde: _______________________________

Lufttemperatur: __________ Wassertemperatur: __________

Windrichtung: __________ Windstärke: __________

Mondphase: __________________________ ◗ ◑ ● ◐ ◯ ◯

Wetter: ☀ ☁ ☔ ⛈ _______________________________

Wasserfärbung: ❑ Klar   ❑ Trüb   ❑ Schlammig

Wasserstand: ______________ Strömung: ______________

FÄNGE

Fischart	Gewicht	Länge	Köder	Uhrzeit
Notizen:				
Notizen:				
Notizen:				
Notizen:				
Notizen:				
Notizen:				
Notizen:				

Datum: _______________________

Ort: _______________________

Dauer in Stunden: _________   Angelrute: _______________

Anwesende Freunde: _______________________

Lufttemperatur: _________   Wassertemperatur: _________

Windrichtung: _____________   Windstärke: _____________

Mondphase: _______________________ ◯ ◑ ● ◑ ◯ ◯

Wetter: ☀ ☁ 🌧 ⛈ _______________________

Wasserfärbung: ❑ Klar   ❑ Trüb   ❑ Schlammig

Wasserstand: _______________   Strömung: _______________

FÄNGE

Fischart	Gewicht	Länge	Köder	Uhrzeit
Notizen:				
Notizen:				
Notizen:				
Notizen:				
Notizen:				
Notizen:				
Notizen:				

Datum: _______________________

Ort: _______________________

Dauer in Stunden: __________ Angelrute: _______________

Anwesende Freunde: _______________________

Lufttemperatur: __________ Wassertemperatur: __________

Windrichtung: __________ Windstärke: __________

Mondphase: _______________________ ◯ ◑ ● ◐ ◑ ◯

Wetter: ☀ ☁ 🌧 ⛈ _______________________

Wasserfärbung: ❑ Klar ❑ Trüb ❑ Schlammig

Wasserstand: __________ Strömung: __________

FÄNGE

Fischart	Gewicht	Länge	Köder	Uhrzeit
Notizen:				
Notizen:				
Notizen:				
Notizen:				
Notizen:				
Notizen:				
Notizen:				

Datum: _______________________

Ort: _______________________

Dauer in Stunden: _________ Angelrute: _______________

Anwesende Freunde: _____________________

Lufttemperatur: _________ Wassertemperatur: _________

Windrichtung: _________ Windstärke: _________

Mondphase: _________________ ◐ ◑ ● ◑ ○ ○

Wetter: ☀ ☁ ⛈ ⛈ _____________________

Wasserfärbung: ☐ Klar ☐ Trüb ☐ Schlammig

Wasserstand: _____________ Strömung: _____________

FÄNGE

Fischart	Gewicht	Länge	Köder	Uhrzeit
Notizen:				
Notizen:				
Notizen:				
Notizen:				
Notizen:				
Notizen:				
Notizen:				

Datum: _______________________________________

Ort: ____

Dauer in Stunden: __________ Angelrute: _________________

Anwesende Freunde: ___________________________________

Lufttemperatur: __________ Wassertemperatur: __________

Windrichtung: ____________ Windstärke: ______________

Mondphase: _________________________ ◯ ◑ ● ◐ ◯ ◯

Wetter: ☀ ☁ 🌧 ⛈ _______________________________

Wasserfärbung: ❑ Klar   ❑ Trüb   ❑ Schlammig

Wasserstand: ______________ Strömung: ______________

FÄNGE

Fischart	Gewicht	Länge	Köder	Uhrzeit
Notizen:				
Notizen:				
Notizen:				
Notizen:				
Notizen:				
Notizen:				
Notizen:				

Datum: _______________________________

Ort: _______________________________

Dauer in Stunden: _________ Angelrute: _______________

Anwesende Freunde: _______________________________

Lufttemperatur: _________ Wassertemperatur: _________

Windrichtung: _________ Windstärke: _________

Mondphase: _______________________ ◐ ◑ ● ◐ ○ ○

Wetter: _______________________

Wasserfärbung: ☐ Klar ☐ Trüb ☐ Schlammig

Wasserstand: _________ Strömung: _________

FÄNGE

Fischart	Gewicht	Länge	Köder	Uhrzeit
Notizen:				
Notizen:				
Notizen:				
Notizen:				
Notizen:				
Notizen:				
Notizen:				

Datum: ____

Ort: ____

Dauer in Stunden: ___________ Angelrute: _______________________

Anwesende Freunde: _______________________________________

Lufttemperatur: ___________ Wassertemperatur: _______________

Windrichtung: _______________ Windstärke: ___________________

Mondphase: _________________________ ◯ ◗ ● ◖ ◗ ◯

Wetter: ☀ ☁ 🌧 ⛈ _______________________________________

Wasserfärbung: ❑ Klar ❑ Trüb ❑ Schlammig

Wasserstand: _________________ Strömung: _______________

FÄNGE

Fischart	Gewicht	Länge	Köder	Uhrzeit
Notizen:				
Notizen:				
Notizen:				
Notizen:				
Notizen:				
Notizen:				
Notizen:				

Datum: ______________________________

Ort: ______________________________

Dauer in Stunden: __________ Angelrute: ______________

Anwesende Freunde: ______________________________

Lufttemperatur: __________ Wassertemperatur: __________

Windrichtung: __________ Windstärke: __________

Mondphase: ______________________ ◐ ◑ ● ◐ ○ ○

Wetter: ☀ ☁ 🌧 ⛈ ______________________

Wasserfärbung: ❑ Klar ❑ Trüb ❑ Schlammig

Wasserstand: __________ Strömung: __________

FÄNGE

Fischart	Gewicht	Länge	Köder	Uhrzeit
Notizen:				
Notizen:				
Notizen:				
Notizen:				
Notizen:				
Notizen:				
Notizen:				

Datum: ______________________

Ort: ______________________

Dauer in Stunden: __________ Angelrute: __________

Anwesende Freunde: ______________________

Lufttemperatur: __________ Wassertemperatur: __________

Windrichtung: __________ Windstärke: __________

Mondphase: __________ ○ ◑ ● ◐ ○ ○

Wetter: ☀ ☁ 🌧 ⛈ ______________________

Wasserfärbung: ❏ Klar ❏ Trüb ❏ Schlammig

Wasserstand: __________ Strömung: __________

FÄNGE

Fischart	Gewicht	Länge	Köder	Uhrzeit
Notizen:				
Notizen:				
Notizen:				
Notizen:				
Notizen:				
Notizen:				
Notizen:				

Datum: _________________________

Ort: _________________________

Dauer in Stunden: _________ Angelrute: _________________

Anwesende Freunde: _____________________________

Lufttemperatur: _________ Wassertemperatur: _________

Windrichtung: _____________ Windstärke: _____________

Mondphase: _________________________ ◗◑●◑◗○

Wetter: ☀ ☁ 🌧 ⛈ _____________________

Wasserfärbung: ❑ Klar ❑ Trüb ❑ Schlammig

Wasserstand: _____________ Strömung: _____________

FÄNGE

Fischart	Gewicht	Länge	Köder	Uhrzeit
Notizen:				
Notizen:				
Notizen:				
Notizen:				
Notizen:				
Notizen:				
Notizen:				
Notizen:				

Datum: _______________________

Ort: _______________________

Dauer in Stunden: _________ Angelrute: _______________

Anwesende Freunde: _____________________

Lufttemperatur: _________ Wassertemperatur: _________

Windrichtung: _________ Windstärke: _________

Mondphase: _________________ ◐ ◑ ● ◑ ○ ○

Wetter: ☀ ☁ 🌧 ⛈ _______________

Wasserfärbung: ❑ Klar ❑ Trüb ❑ Schlammig

Wasserstand: _____________ Strömung: _____________

FÄNGE

Fischart	Gewicht	Länge	Köder	Uhrzeit
Notizen:				
Notizen:				
Notizen:				
Notizen:				
Notizen:				
Notizen:				
Notizen:				

Datum: _______________________

Ort: _______________________

Dauer in Stunden: _______ Angelrute: _______________

Anwesende Freunde: _______________________

Lufttemperatur: _________ Wassertemperatur: _________

Windrichtung: _________ Windstärke: _________

Mondphase: _______________ ◯ ◑ ● ◑ ◯ ◯

Wetter: ☀ ☁ 🌧 ⛈ _______________________

Wasserfärbung: ❑ Klar ❑ Trüb ❑ Schlammig

Wasserstand: _________ Strömung: _________

FÄNGE

Fischart	Gewicht	Länge	Köder	Uhrzeit

Notizen:

Notizen:

Notizen:

Notizen:

Notizen:

Notizen:

Notizen:

Datum: ___________________________

Ort: ___________________________

Dauer in Stunden: _________ Angelrute: _________

Anwesende Freunde: ___________________________

Lufttemperatur: _________ Wassertemperatur: _________

Windrichtung: _________ Windstärke: _________

Mondphase: _________ ○ ◐ ● ◑ ◐ ○

Wetter: ☀ ☁ 🌧 ⛈ ___________________________

Wasserfärbung: ❑ Klar ❑ Trüb ❑ Schlammig

Wasserstand: _________ Strömung: _________

FÄNGE

Fischart	Gewicht	Länge	Köder	Uhrzeit
Notizen:				
Notizen:				
Notizen:				
Notizen:				
Notizen:				
Notizen:				
Notizen:				

Datum: _______________________

Ort: _______________________

Dauer in Stunden: _________ Angelrute: _______________

Anwesende Freunde: _______________________

Lufttemperatur: _________ Wassertemperatur: _________

Windrichtung: _________ Windstärke: _________

Mondphase: _______________________ ◔ ◑ ● ◐ ○ ○

Wetter: ☀ ☁ 🌧 ⛈ _______________________

Wasserfärbung: ❑ Klar ❑ Trüb ❑ Schlammig

Wasserstand: _____________ Strömung: _____________

FÄNGE

Fischart	Gewicht	Länge	Köder	Uhrzeit
Notizen:				
Notizen:				
Notizen:				
Notizen:				
Notizen:				
Notizen:				
Notizen:				

Datum: _______________________________

Ort: _______________________________

Dauer in Stunden: __________ Angelrute: _______________________

Anwesende Freunde: _________________________________

Lufttemperatur: __________ Wassertemperatur: ____________

Windrichtung: _____________ Windstärke: ________________

Mondphase: _______________________ ○ ◑ ● ◐ ◑ ○

Wetter: ☀ ☁ 🌧 ⛈ ________________________

Wasserfärbung: ❑ Klar ❑ Trüb ❑ Schlammig

Wasserstand: _______________ Strömung: ______________

FÄNGE

Fischart	Gewicht	Länge	Köder	Uhrzeit
Notizen:				
Notizen:				
Notizen:				
Notizen:				
Notizen:				
Notizen:				
Notizen:				

Datum: _______________________________

Ort: _______________________________

Dauer in Stunden: __________ Angelrute: _______________________

Anwesende Freunde: _______________________________

Lufttemperatur: __________ Wassertemperatur: __________

Windrichtung: __________ Windstärke: __________

Mondphase: _______________________

Wetter: _______________________

Wasserfärbung: ❑ Klar ❑ Trüb ❑ Schlammig

Wasserstand: __________ Strömung: __________

FÄNGE

Fischart	Gewicht	Länge	Köder	Uhrzeit
Notizen:				
Notizen:				
Notizen:				
Notizen:				
Notizen:				
Notizen:				
Notizen:				

Datum: _______________________

Ort: _______________________

Dauer in Stunden: _________ Angelrute: _______________

Anwesende Freunde: _______________________

Lufttemperatur: _________ Wassertemperatur: _________

Windrichtung: _________ Windstärke: _________

Mondphase: _______________ ◯ ◖ ● ◗ ◯ ◯

Wetter: ☀ ☁ 🌧 ⛈ _______________________

Wasserfärbung: ❏ Klar ❏ Trüb ❏ Schlammig

Wasserstand: _____________ Strömung: _____________

FÄNGE

Fischart	Gewicht	Länge	Köder	Uhrzeit
Notizen:				
Notizen:				
Notizen:				
Notizen:				
Notizen:				
Notizen:				
Notizen:				

Datum: ___________________________

Ort: ___________________________

Dauer in Stunden: __________ Angelrute: ________________

Anwesende Freunde: ___________________________

Lufttemperatur: __________ Wassertemperatur: __________

Windrichtung: __________ Windstärke: __________

Mondphase: __________________ ◖ ◑ ● ◑ ◯ ◯

Wetter: ☀ ☁ 🌧 ⛈ ___________________

Wasserfärbung: ❑ Klar ❑ Trüb ❑ Schlammig

Wasserstand: __________ Strömung: __________

FÄNGE

Fischart	Gewicht	Länge	Köder	Uhrzeit
Notizen:				
Notizen:				
Notizen:				
Notizen:				
Notizen:				
Notizen:				
Notizen:				

Datum: _______________________________

Ort: _______________________________

Dauer in Stunden: _________ Angelrute: _______________

Anwesende Freunde: _______________________________

Lufttemperatur: _________ Wassertemperatur: _________

Windrichtung: _________ Windstärke: _________

Mondphase: _______________________________

Wetter: _______________________________

Wasserfärbung: ☐ Klar ☐ Trüb ☐ Schlammig

Wasserstand: _________ Strömung: _________

FÄNGE

Fischart	Gewicht	Länge	Köder	Uhrzeit
Notizen:				
Notizen:				
Notizen:				
Notizen:				
Notizen:				
Notizen:				
Notizen:				

www.ingramcontent.com/pod-product-compliance
Lightning Source LLC
Chambersburg PA
CBHW061739050726

47598CB00002B/540